D'AUTRES COMPLIMENTS POUR MINI-SOURIS!

« Hardie, futée...
Mini-Souris est ici
pour de bon. »
— The Horn Book Magazine

« Les jeunes lecteurs
tomberont sous
le charme. »
— Kirkus Reviews

« Le duo créatif frère-sœur frappe dans le mille
avec humour et fraîcheur. Leurs personnages sont
si authentiques qu'on croirait de vrais enfants. »
— Booklist

« Mini-Souris est audacieuse et
ambitieuse, même si elle met
parfois les pieds dans le plat. »
—School Library Journal

Ne manque surtout pas les autres Mini-Souris!

Déjà parus :

N° 1 Mini-Souris : Reine du monde
N° 2 Mini-Souris : Notre championne
N° 3 Mini-Souris : À la plage
N° 4 Mini-Souris : Vedette rock

MINI-SOURIS
VEDETTE ROCK

JENNIFER L. HOLM ET MATTHEW HOLM
TEXTE FRANÇAIS D'ISABELLE ALLARD

Éditions
■SCHOLASTIC

MINI-SOURIS
ÉTAIT ICI

HI, HI!

Catalogage avant publication de Bibliothèque et Archives Canada

Holm, Jennifer L.
[Rock star. Français]
    Vedette rock / auteure, Jennifer L. Holm ; illustrateur, Matthew Holm; traductrice, Isabelle Allard.

(Mini-Souris ; no 4)
Traduction de: Rock star.

ISBN 978-1-4431-3286-2 (couverture souple)

    L Romans graphiques. I. Holm, Matthew, illustrateur II. Allard, Isabelle, traducteur III. Titre. IV. Titre: Rock star. Français.
V. Collection: Holm, Jennifer L. Mini-Souris ; no 4.

PZ23.7.H65Ved 2014   j741.5'973   C2013-904834-0

Édition publiée par les Éditions Scholastic, 604, rue King Ouest, Toronto (Ontario) M5V 1E1 avec la permission de Random House Inc.

5 4 3 2 1   Imprimé au Canada 140   14 15 16 17 18

MIXTE
Papier issu de
sources responsables
FSC® C103567

NEW YORK SOURIS.

UNE VILLE DIFFÉRENTE CHAQUE SOIR.

MAIS C'ÉTAIT LA VIE QU'ELLE AVAIT CHOISIE.

LA SEULE VIE QU'ELLE CONNAISSAIT.

ELLE ÉTAIT UNE LÉGENDE.

MINI-SOURIS! MINI-SOURIS!

SCÈNE→

ELLE ÉTAIT UNE IDOLE.

MINI-SOURIS!
MINI-SOURIS!

ELLE ÉTAIT UNE...

13

IL N'Y A RIEN DE PIRE QUE L'AUTOBUS.

15

C'EST UNE VRAIE COURSE D'OBSTACLES.

MAIS LE PIRE OBSTACLE DE TOUS EST...

DANGER!

ATTENTION!

FÉLICIA PATTE-DE-VELOURS!

CETTE FILLE EST HORRIBLE!

VRAIMENT!!!!

GLOUPS!

ALLONS, MINI-SOURIS, ELLE NE PEUT PAS ÊTRE SI TERRIBLE.

CROIS-MOI. ELLE L'EST.

FIOUU!

EXPRESS-SOURIS

FAITS DIVERS ET POTINS POPULAIRES - 50 CENTS -

FRIDA FRISÉE MEURT DE HONTE!

« ELLE NE S'Y ATTENDAIT PAS », CONFIE UN TÉMOIN.

FRIDA FRISÉE

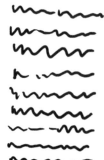

IL NE SE PASSE JAMAIS RIEN LE MERCREDI...

... D'HABITUDE.

25

DRINNGGG!

PLUS TARD.

À L'ÉCOLE, MINI-SOURIS N'AIME PAS TOUT...

INTERROGATIONS SURPRISES

FRACTIONS!

$$\frac{2}{3} + \frac{1}{8} =$$

?

DUR!

DÉGUEU!

PAIN DE VIANDE!

TENUE DE GYM

AFFREUX!

MUSIQUE

MAIS MINI-SOURIS **ADORE** LA MUSIQUE.

J'ADORE LA MUSIQUE!

MINI-SOURIS AURAIT PU CHOISIR
TOUTES SORTES D'INSTRUMENTS.

PIANO!

VIOLON!

TRIANGLE!

TROMPETTE!

SAXOPHONE!

ACCORDÉON!

MIRLITON!

VIOLONCELLE!

PERCUSSIONS!

TROP
DE
CHOIX!

LA VEILLE.

SCRRIIIIIITCH!

MINI-SOURIS ADORE JOUER DE LA FLÛTE. SAUF QU'ELLE N'EST PAS TRÈS DOUÉE.

JE CROYAIS QUE CE SERAIT FACILE.

APRÈS LE COURS.

BOING!

BOING!

BOING!

C'EST QUOI?

LAISSEZ-MOI VOIR!

AUDITIONS

AUDITIONS

POUR LE CONCERT DE L'ÉCOLE

INSCRIPTIONS

NOM	INSTRUMENT
Léon Long cou	clarinette
Frida Frisée	flûte

HUM...

MINI-SOURIS SE SOUVIENT DU DERNIER CONCERT.

MINI-SOURIS!
MINI-SOURIS!

MINI-SOURIS
EST-ELLE LÀ?

OUI,
PAPI SOURIS.

48

SCRRIIIIIIIITCH!
BRRROÂÂÂ!
BAOUM-BADAMOUM
SCRRIIIIIIIITCH!
SCRRIIIIIIIITCH!
BAOUM-BADAMOUM
BRRROÂÂÂ!
BAM!
AAAAH!

SCRIIIIIIIIIIIIIIIIIIIITCH!

AAAAAAAAH! MES OREILLES!

SCRIIIIIIIIIIIIIIIIIIIIIITCH!
Flouuu!
JE M'ENFUIRAIS MOI AUSSI!

MINI-SOURIS A TRÈS HÂTE DE TRAVAILLER AVEC FRIDA.

J'AI TRÈS HÂTE.

ELLE IMAGINE DÉJÀ SA NOUVELLE VIE.

SALUT BEAUTÉ!

DES VIDÉOCLIPS!

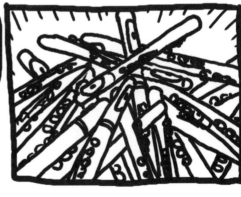

SCRIIIIITCH!

AAAAAAAHHH!

JE L'ESPÈRE BIEN.
JE NE PEUX PAS SUPPORTER
ÇA PLUS LONGTEMPS.

LE GRAND SOIR.

CONCERT DE L'ÉCOLE

SWICH!

PAS MAL, MINI-SOURIS. MAIS TU N'ES PAS PRÊTE POUR UNE TOURNÉE MONDIALE.

HÉ! TU NE JOUES MÊME PAS D'UN INSTRUMENT!

CLAP CLAP CLAP CLAP CLAP CLAP CLAP CLAP CLAP CLAP CLAP

CLAP CLAP CLAP CLAP CLAP CLAP CLAP

MERCI. MERCI BEAUCOUP.

91

COMMENT ÊTRE UNE VEDETTE ROCK

 D'ABORD, LES VÊTEMENTS!

BOTTES TENDANCE

MINIJUPE

VERRES FUMÉS

Mini-Souris

BIJOUX

 MINI-SOURIS POUR LA VIE

TATOUAGE

 ENSUITE, L'ATTITUDE!

SOIS ÉNIGMATIQUE! **SOIS AUTORITAIRE!** **SOIS UNE DIVA!**

MINI-SOURIS TOUT COURT. SANS NOM DE FAMILLE.

JE VEUX DES GÂTEAUX DANS MA LOGE!

PAS D'AUTOGRAPHES. MA MAIN EST FATIGUÉE.

PRÉPARE-TOI À ÊTRE CONQUIS...

PAR...

MINI-SOURIS BRISE-CŒUR

CRAC!

BIENTÔT EN VENTE!

PARFAIT POUR LA SAINT-VALENTIN!

QUI VOUDRAIT T'EMBRASSER?

HÉ!